평 신 도 양 육 교 재

예수를 따르는 삶
Life Following Jesus

KB206007

은혜로 회복된 삶

평신도 양육교재
예수를 따르는 삶
은혜로 회복된 삶

발행일 : 초판 1쇄 인쇄 2008년 8월 21일
　　　　　초판 2쇄 인쇄 2013년 7월 8일
　　　　　개정판 1쇄 인쇄 2014년 3월 14일
발행인 : 우순태
편집인 : 유윤종
책임편집 : 강신덕
기획/편집 : 전영욱, 강영아
디자인/일러스트 : 최동호, 권미경, 오인표
홍보/마케팅 : 강형규, 박지훈
행정지원 : 조미정, 신지현

펴낸곳 : 도서출판 사랑마루
　　　　　서울시 강남구 테헤란로 64길 17(대치동)
대표전화 : TEL (02) 3459-1051~2/ FAX (02) 3459-1070
홈페이지 : http://www.eholynet.org, http://www.ibcm.kr
등록 : 2011년 1월 17일 등록번호/ 제2011-000013호
값은 뒷표지에 있습니다. 잘못된 책은 구입하신 곳에서 교환해 드립니다.
ISBN : 978-89-7591-312-9 04230

Contents

평신도 양육교재 **예수를 따르는 삶**

- 교육과정개발 : 남은경
- 교재집필 : 안성희 김종윤
- 교재개정 : 박향숙

평신도 양육교재

예수를 따르는 삶

Life Following Jesus

발간사

평신도는 단지 예배 참석자가 아닙니다. 평신도는 목회의 동역자입니다. 평신도가 예수님의 제자로 세움을 입어서 주님의 명령(마 28:18-20)대로 가르쳐 지키게 하는 사명을 감당해야 합니다. 평신도들이 사역의 주체가 될 때, 아름다운 주님의 교회가 세워지고 하나님의 나라가 확장될 것입니다.

교단창립 100주년 교육사업의 일환으로 성결교회 평신도 제자화 교육과정을 개발하고 4종류의 교재를 만들었습니다. 그것은 '새신자교재→세례교재→양육교재→사역교재' 입니다. 교회에 처음 나온 새신자도 반드시 사역자로 양성하겠다는 의지가 담겨있는 시리즈 교재입니다. 이 교재에 담겨있는 핵심 키워드는 '구원→믿음→생활→사역' 입니다.

성결교회의 모든 신자들은 하나님의 은혜로 구원받아 온전한 믿음을 가지고 삶이 변화되어 주님의 사역자로 세움을 입어야 합니다. 교회에서는 새신자들이 새신자교육과 세례교육을 언제든지 받아서 온전한 신앙을 형성할 수 있도록 도와야 합니다. 그리고 양육과 사역교재를 통하여 평신도 사역자를 키워야 합니다. 만약 신앙연수가 오래되었지만 신앙이 성숙치 못한 신자가 있다면, 양육교재와 사역교재를 통하여 건강한 사역자로 세움을 입을 수 있을 것입니다.

성결교회의 새로운 100년을 맞이하면서 목회현장에 실제적으로 도움이 될 교재가 개발된 것은 참으로 기쁘고 감사한 일입니다. 앞으로 평신도들이 주님의 몸 된 교회의 주체가 되고, 역사의 책임 있는 존재가 될 수 있도록 돕는 교재들이 지속적으로 개발될 것입니다. 아름다운 주님의 비전을 꿈꾸며 새 역사의 주인공이 됩시다.

기독교대한성결교회 총무 **우순태 목사**

일러두기

성숙한 신앙인으로 양육하기

성숙한 신앙인은 세상 사람들의 눈으로 보기엔 불편하게 사는 사람일 것이다. '주님이 원하시는 삶은 어떤 것일까?' '주님은 이럴 때 어떤 결정을 내리실까?' '내가 진정한 주님의 제자라면 어떻게 행동해야 할까?' 라는 고민을 가지고 사물을 대하고 세상을 살아가기 때문이다. 하지만 궁극적으로는 세상에 대한 이러한 질문, 그리고 그 대답에 따라 불편하더라도 당당하게 살아나갈 때, 우리는 참다운 기쁨이 넘치는 삶을 살 수 있다는 것을 잘 알고 있다. 모든 성결교인들이 이러한 기쁨을 누리며 살기를 바란다. 이를 위하여 양육교재가 도움이 되기를 바라며, 몇 가지 사항을 일러두고자 한다.

첫째, 본 교재는 성인 양육을 위한 교재이다. 여기에서 성인은 법적으로, 사회적으로, 경제적으로 자립할 수 있는 사람이며, 생물학적으로 아이를 가질 수 있는 육체적으로 성숙한 사람이며, 심리학적으로 청년기를 지나고 삶의 특별한 과정을 경험한 사람이며, 교육적으로 그가 속한 사회와 문화가 마련한 어느 정도의 학교 교육을 성취한 사람이다. 또한 신앙인으로서 자신의 생애를 통하여 삶의 스타일(life style)을 형성해 가는 존재이며, 영적으로 성장 발달해 가는 존재이다.

둘째, 본 교재는 평신도를 위한 교재이다. 대부분의 내용은 일상생활에서 겪을 만한 상황이나 생각해 보아야 할 만한 주제와 내용을 담고 있다. 여기서 평신도의 의미는 단순히 교회의 구성원 중에서 평범한 사람을 의미하는 것이 아니라 교회의 대부분을 차지하는 구성원으로서 주님의 자녀이며, 제자이고, 교회를 교회되게 이끌어 가야하는 각 지체를 의미한다. 따라서 이 양육의 과정을 통하여 평신도는 더욱 성장하여 목회의 동역자로서 하나님께서 허락하신 사역의 한 부분을 감당할 수 있도록 성숙하여야 한다. 이 교재를 잘 마친다면 교회에서는 집사나 구역장 등의 역할을 맡겨도 될 정도의 훈련이 이루어질 것이다.

셋째, 본 교재 교육과정의 내용 범위는 교단의 사중복음을 서울신학대학교 성결교회신학연구회가 이 시대의 언어로 표현한 '생명', '사랑', '회복', '공의'의 신학적 설명으로 한다. 그래서 이제까지 성결교회의 교육이 개인의 영혼 구원과 개인적 삶에 있어서의 성결에 집중하였다면, 이제는 사회의 보편 가치들에 대한 복음적 시각을 갖는 데까지 교육의 목표와 장(場)을 확대하고자 한다. 그래서 생활의 모든 영역에서 구체적인 문제와 사회적, 문화적, 윤리적, 정치적, 생태적 차원까지 다루고 있다.

넷째, 이 교재는 단순히 읽기용 책이나 답을 달기 위한 성경공부 교재가 아니라 모임의 참가자들이 함께 각 주제에 따라 고민하고, 결단하고, 실천하는 워크숍 교재에 가깝다. 따라서 참가자의 답 달기와 인도자의 답 해설에 의존하는 다소 구태의연한 성경공부 교재가 아니라 함께 목적을 위하여 삶을 연습해 가는 안내서이다. 이 교재를 바탕으로 서로 격려하고, 섬김을 베풀고, 감사를 표현하는 과정을 통해 더욱 풍성한 하나님의 은혜를 누리게 될 것이다.

이러한 본 교재를 가지고 모임을 인도하게 될 인도자는 비록 목회자이거나 지도자라고 할지라도 무엇인가 지식을 가르치려고만 노력하는 것은 바람직하지 않다. 물론 이 과정을 잘 인도하기 위해서 본 교재의 각 과가 이루고자 하는 목표와 그에 따르는 내용들에 대해서는 철저하고 꼼꼼하게 준비해야겠지만 자신이 깨달은 바를 참가자들도 스스로 깨달을 수 있도록 인도해야 한다. 뿐만 아니라 인도자와 학습자간의 나눔을 통해서 서로의 은혜가 더욱 풍성해 질 수 있도록 배려해야 한다.

이 교재를 통해 자신의 영적인 성숙을 기대하는 학습자들은 단순히 성경의 지식을 더 얻겠다는 정도의 생각으로 임하거나, 성경에서 답을 찾아 빈칸을 채우는 다소 수동적인 자세만을 보이는 것은 바람직하지 않다. 자신의 경험과 생각을 함께 나누고 인도자의 답을 기다리기 전에 먼저 고민하고 성경의 의미를 깨닫기 위해 노력해야 한다. 그리고 결국에는 이러한 모든 것들이 나의 일상생활에서도 실천될 수 있도록 노력하겠다는 다짐 속에서 생활에 임해야 한다.

본 양육교재는 모두 8권, 각 권당 5과 씩, 총 40개의 주제를 다룰 것이다. 적지 않은 양이기는 하지만, 신앙인들이 교회에서나 사회에서 부딪히게 될 모든 주제들이 다 다루어 진 것은 아니다. 하지만 이 40개의 주제를 다루며 배우고, 생각하고, 느끼고, 결단하고, 실천하는 과정을 통해서 한 단계 더 성숙된 신앙인으로 나아갈 수 있는데 도움이 되리라 생각한다.

본 교재를 바탕으로 한 평신도의 양육이 성공적으로 이루어져서 모든 성도들이 교회뿐만 아니라 가정과 사회에서 주체적 존재가 되며, 성결교회의 교인으로서, 또한 그리스도의 제자로서 확고한 정체성을 갖으며, 마침내 이 땅 위에서 하나님의 뜻대로 살아가고 하나님의 나라를 이루어 내는 하나님의 사람으로 거듭나게 되기를 바란다.

3단원(회복)

은혜로 회복된 삶

치유하시는 하나님

배울말씀 마가복음 2장 1-12절

새길말씀 여호와께서 예루살렘을 세우시며 이스라엘의 흩어진 자들을 모으시며 상심한
자들을 고치시며 그들의 상처를 싸매시는도다 (시 147:2-3)

평신도 양육교재
관심갖기

치료 불가

아래의 이야기를 읽고 질문에 대답해 봅시다.

> 　그들은 '정식 환자'로 판정받았어야 할 사람들이다. 그들이야말로 치료를 받았어야만 했다. 그러나 그들은 그러지 않았다. 가장 강력한 이유는 그들에게 치료를 원하는 마음이 없었다는 것이다. 치료를 받으려면 우선 당사자가 조금이라도 그것을 원해야만 한다. 또 치료를 할 수 있으려면 지금 자신이 뭔가 도움이 필요한 상태에 있다는 것을 인정해야만 한다. 즉 눈곱만큼이라도 자신의 불완전을 인정해야만 한다는 말이다.
>
> 　좀 슬픈 사실이긴 하지만 치료를 가장 쉽게 받을 수 있고 그것을 통해 가장 큰 효과를 얻을 수 있는 사람은 바로 가장 건강한 사람이다. 가장 정직하고 사고 유형이 가장 덜 왜곡되어있는 사람이 치료 효과가 크다는 것이 정론이다. 반대로 환자의 병세가 심하면 심할수록, 행동이 부정직하고 사고의 왜곡된 정도가 더하면 더할수록 그들을 성공적으로 돕는다는 것이 그만큼 어려워진다.
>
> 　　　　　　　　　　정신의학박사 스캇 펙의 『거짓의 사람들』중에서

1. 스캇 펙 박사는 환자의 병을 치료하기 힘든 원인을 무엇이라고 말하고 있나요?

2. 나의 경우는 어떻습니까? 분명 병이 들었음에도 인정하지 않는 부분은 없습니까? 주변에 혹 그런 사람들이 있지는 않습니까? 함께 나누어 봅시다.

평신도 양육교재
기억하기

치유의 길

아픔을 지닌 사람이 치유로 나아가는 다음 단계는 무엇일까요? 배울말씀인 마가복음 2장 1-12절과 야고보서 5장 13-18절을 읽고 주어진 질문에 답해 봅시다.

1. 중풍병자가 치유를 받기 위해 예수님께 가는 길에 장애가 되었던 것은 무엇이었습니까? (막 2:2)

2. 중풍병자와 친구들은 그 장애를 어떻게 극복했습니까? (막 2:4)

3. 주님은 그러한 그들에게서 무엇을 보셨습니까? 주님의 말씀은 믿음에 대해 어떤 교훈을 줍니까? (막 2:5)

4. 중풍병자를 치유하시면서 주님이 선언하신 내용은 무엇입니까? 그리고 그것이 주는 메시지는 무엇입니까? (막 2:5)

5. 야고보가 제시하는 핵심적인 치유의 수단은 무엇입니까? 야고보서 5장 13–18절 사이에 매 절마다 빠지지 않고 나오는 단어 하나를 찾아 봅시다.

6. 치유의 통로가 되는 믿음과 기도는 어떤 연관성이 있을까요? 야고보서 5장 15절의 말씀을 바탕으로 각자의 생각을 이야기해 봅시다.

7. 교회 안에 병든 자들을 위해 야고보는 무엇을 제안했습니까? (약 5:14–16)

평신도 양육교재
반성하기

상처 입은 치유자

아래의 글은 헨리 나우웬(Henry Nouwen)의 책 『상처 입은 치유자 (The Wounded Healer)』중 일부입니다. 읽고 질문에 답해 봅시다.

> 누군가에게 진정으로 도움을 주기 위해서는 그가 처한 상황에 개입해야 하며, 남에게 도움을 주기 위해서는 그의 고통스러운 상황에 전 인격으로 참여해야 하고, 그 과정에서 마음이 상하거나 상처입고 심지어는 파멸할 수도 있는 위험 부담을 감수해야 합니다.
>
> 기독교 리더십의 처음이자 끝이 되는 핵심은 남을 위해 자신의 생명을 내어주는 것입니다. 진정한 순교란 우는 사람들과 함께 울고 웃는 사람들과 함께 웃는 것에서부터 시작하며, 고통스럽거나 즐거운 자신의 경험들을 다른 사람들이 마음껏 이용할 수 있도록 하여 그들이 스스로의 상태를 분명히 인식하고 이해할 수 있도록 돕는 것입니다.
>
> 고통의 상황속으로 들어가지 않고서 고통을 없애 버릴 수 있는 사람이 어디 있겠습니까?

1. 헨리 나우웬은 고통을 통해 얻은 상처가 다른 사람을 치유하는 원천이 될 수 있다고 역설합니다. 그 대표적인 모델이 바로 예수 그리스도이십니다. 상처 입은 치유자로서의 예수님의 모습에 대해 함께 생각하면서, 어떻게 상처가 치유의 원천이 될 수 있는지 서로 나누어 봅시다.

2. 주님이 상처 입은 자로서 참 치유자가 되셨듯이, 상처 입은 우리들도 치유자가 될 수 있습니다. 치유자로서 기독교인의 사명은 무엇일까요?

내 영의 건강검진

아래의 주어진 질문을 통해 나의 영적 건강상태를 점검하여 필요한 치료를 받고, 치료가 필요한 다른 이들을 섬기는 실천을 할 것을 결단합시다.

1. 건강검진

눈을 감고 내면의 건강 상태를 체크해 봅시다. 내 안에 병든 곳이 있나요? 왜 그런 병이 생겼습니까? 병명은 무엇인가요? 어떻게 해야 치유될 수 있을까요? 내가 치료자라면 어떤 처방을 내릴까요? 자신의 생각을 아래의 표에 적어 봅시다.

	예	나의 경우는...
증상	마음이 답답하고 자꾸 짜증과 분노가 생긴다. 불면증에 시달린다.	
원인	현재 내가 가진 것에 대한 불만. 더 가진 자들에 대한 시기와 선망인 것 같다.	
진단	물질에 대한 욕심과 소비 욕구로 인한 풍요집착증이다.	
처방	말씀과 기도를 통해 내 영을 하나님으로 채워서 물질이 줄 수 없는 참 만족과 기쁨을 얻는다.	

2. 치유사역

아래의 주어진 표에 따라 나의 도움이 필요한 상처입은 사람에 대해서 생각해 봅시다.

	사람 1	사람 2
치유가 필요한 사람은 누구입니까?		
무엇 때문에 아파하고 있을까요?		
나는 그들을 어떻게 도울 수 있겠습니까?		

새길말씀 외우기

여호와께서 예루살렘을 세우시며 이스라엘의 흩어진 자들을 모으시며 상심한 자들을 고치시며 그들의 상처를 싸매시는도다 (시 147:2-3)

결단의 기도

하나님, 내가 받은 고난이나 고통에 얽매여 고민만 하는 신앙인이 아니라, 우리를 치유하시는 하나님을 닮아 이웃과 세상을 치유하는 신앙인이 되게 하옵소서. 예수님 이름으로 기도합니다. 아멘.

성령 안에서 평안한 삶

배울말씀   요한복음 14장 27절, 로마서 14장 17절
새길말씀   평안을 너희에게 끼치노니 곧 나의 평안을 너희에게 주노라 내가 너희에게
주는 것은 세상이 주는 것과 같지 아니하니라 너희는 마음에 근심하지도
말고 두려워하지도 말라 (요 14:27)

평신도 양육교재
관심갖기   진정한 평안은?

아래의 글을 읽고 주어진 질문에 답해 봅시다.

> 어느 미술학교에서 졸업반 학생들에게 졸업 작품으로 '평안'에 관한 그림을 그려 오라고 했습니다. 학생들이 그려 온 그림 중에 특히 두 작품이 뛰어났다고 합니다. 하나는 산과 호수를 그린 것이었습니다. 아름답고 푸른 산에 둘러싸인 잔잔한 호수가 있었습니다. 호숫가에는 잔디가 깔려있고 아름다운 꽃들이 여기저기 피어 있었습니다. 그리고 양과 소가 평화롭게 풀을 뜯어먹거나 쉬고 있었습니다. 호수 위에는 하얀 백조들이 미끄러지듯 헤엄을 치고 있었습니다. 아주 평안해 보였습니다.
>
> 그런데 다른 한 그림은 그와 대조적이었습니다. 폭풍우가 몰아치는 바닷가의 절벽을 그린 것이었습니다. 집채 같은 파도가 밀려와 절벽에 부딪치고 있었습니다. 폭풍우에 절벽 위에 서 있던 나뭇가지가 부러지고, 번개가 치고, 아주 험한 환경이었습니다. 그런데 그 절벽 위 바위틈에 갈매기 한 쌍이 집을 짓고 그 둥지에서 갈매기 새끼 몇 마리가 바람이 불건 말건, 비가 오건 말건, 벼락이 치건 말건, 파도가 밀려오건 말건 고요히 눈을 감고 자고 있었습니다.

심사위원 선생님들이 두 작품을 놓고 어느 그림을 일등으로 할까 깊이 생각하다가 바닷가 절벽의 갈매기 가족을 그린 그림을 일등으로 결정했다고 합니다. 첫 번째 그림은 일종의 상상적 평안을 그린 그림입니다. 사실 이 세상에 그런 평안은 없습니다. 이 세상에는 항상 풍파가 있습니다. 폭우가 쏟아지고 벼락이 칩니다. 그런 가운데 큰 바위 속에 집을 짓고 사는 것입니다. 심사위원들은 갈매기 새끼들이 차지하고 있는 것 같은 그 평안이 참 평안이라고 생각한 것입니다.

〈www.ssomang.com〉

1. 심사위원의 결정에 대해서 어떻게 생각하십니까? 당신이 심사위원이라면 어떤 그림을 선택하시겠습니까?

평신도 양육교재

기억하기

성령님이 주시는 평안

배울말씀인 요한복음 14장 27절과 로마서 14장 17절을 읽고 주어진 질문에 답해 봅시다.

1. 예수님은 평안이 어디에서 오는 것이라고 말씀하셨나요? (요 14:26, 27)

2. 예수님이 주시는 평안은 세상이 주는 것과 같지 않다고 말씀하십니다(요 14:27). 어떤 점에서 차이가 있을까요?

3. 예수님이 주신 평안을 가로막는 것들에는 어떤 것이 있습니까?(요 14:27) 그러한 장애물을 극복하고 평안을 지키는 길은 무엇일까요? 빌립보서 4장 6-7절, 로마서 8장 6절을 읽고 물음에 답해 봅시다.

아무것도 염려하지 말고 다만 모든 일에 기도와 간구로, 너희 구할 것을 감사함으로 하나님께 아뢰라 그리하면 모든 지각에 뛰어난 하나님의 평강이 그리스도 예수 안에서 너희 마음과 생각을 지키시리라 (빌 4:6-7)

육신의 생각은 사망이요 영의 생각은 생명과 평안이니라 (롬 8:6)

반성하기

평신도 양육교재

평안의 적

아래의 두 개의 글을 읽고 주어진 질문에 답해 봅시다.

인간은 무엇을 근심하는가?

미국 정신과 의사들이 모여서 인간의 근심과 걱정에 대하여 조사를 하였습니다. 그 결과는 이렇습니다.
1. 근심과 걱정의 40%는 미래에 일어날 지도 모를 일에 관한 것이었고,
2. 30%는 지나간 과거 일에 대한 걱정이었으며,
3. 12%는 미리 상상하고 가상해서 하는 걱정,
4. 그리고 18%는 걱정하지 않아도 될 일에 대한 걱정이었다고 합니다.

1. 이 조사 결과에 대해 어떻게 생각하나요? 각자의 경험을 토대로 이야기를 나누어 봅시다.

2. 불필요한 걱정 대신 우리가 마음에 채워야 하는 것은 무엇일까요? (마 6:33)

마음의 평안에 대한 5가지 적

심리학자들에 따르면 마음의 평안을 무너뜨리는 다섯 가지 적이 있다고 합니다.

첫째는 소유욕입니다. 모든 것을 다 가져야 행복한 것이 아님에도 불구하고 사람들은 모든 것을 다 가져야만 마음이 놓입니다. 이런 탐욕이 마음의 평안을 앗아갑니다.

둘째는 성취욕입니다. '나는 무엇이 되고 말겠다.', '그것을 꼭 가지고야 말겠다.'는 지나친 욕심이 마음의 평안을 깨뜨립니다.

셋째는 질투입니다. 내가 못 살아서 불만이 아니라 나보다 남이 잘되고 잘 사는 것을 눈뜨고 볼 수 없어서 불만이 많습니다.

넷째는 분노입니다. 자기 마음을 다스릴 줄 몰라서 후회할 일이 많습니다. 참지 못하고 쉽게 분을 발하며 사는 사람에게는 평안이 없습니다.

다섯째는 교만입니다. 자기 자신에 대하여 진실하지 못하기에 자기의 자기됨을 겸손하게 인정하지 못하고 언제나 허황된 교만에 빠져서 살다 보니 마음에 평안이 없는 것입니다.

〈출처: http://www.oxfordkoreanchurch.org/zboard〉

---

3. 위에 열거된 평안의 다섯 가지의 적들 중에서 나와 관련이 있는 것은 무엇입니까? 우리는 어떻게 이 적들을 물리칠 수 있을까요?

응답하기
나치 수용소 독방에서 얻은 평안

다음의 이야기를 읽고 주어진 질문에 답해 봅시다.

네덜란드의 유명한 전도자였던 코리 텐 붐 여사는 나치 수용소에서 무려 40일 동안이나 독방에 갇혀 있었습니다. 독방에 갇히는 것은 당시 죄수들이 가장 무서워하는 형벌이었습니다. 독방에 갇히면 조금도 움직이지 못하고 40일 동안 앉아있어야 합니다. 머리도 움직이지 못할 정도로 좁은 공간에 갇히는 형벌인 것입니다. 하루 24시간을 독방에 쪼그리고 갇혀있는 것이니 40일 정도 독방에 갇혀 지내면 대개는 정신병자가 되어 나옵니다. 맑은 정신으로는 그 고통을 견딜 수가 없기 때문입니다. 코리 텐 붐 여사도 독방 생활이 너무 힘들었습니다. 얼마나 힘이 들던지 나중에는 믿음도 사라지고 인내도 사라지는 것 같았습니다. 하지만 그는 조금도 움직일 수 없는 그곳에서 하나님을 바라보고 기도했습니다.

'하나님이여, 저는 이제 견딜 수가 없습니다. 도저히 버틸 힘이 전혀 남지 않았습니다. 믿음도 전부 사라졌습니다. 어떻게 하면 좋겠습니까?'

그때 마침 눈 앞에 개미 한 마리가 기어가다가 바닥의 물을 피해서 벽 옆에 난 조그마한 틈으로 들어가는 것이 보였습니다. 그때 하나님의 음성이 들렸습니다.

'코리야, 저 개미가 보이느냐? 개미가 지금 어디로 가고 있느냐?'

'네, 하나님. 작은 틈으로 피해서 가고 있어요.'

'그래, 너는 지금 피할 곳이 없다고 생각하지만 내가 바로 너의 피난처니라. 이제 나를 향해 오너라. 내가 너를 품어 주마. 너는 내 속에서 안전하게 보호함을 받을 수 있으니 나를 바라보아라.'

그래서 코리 텐 붐 여사는 그 독방에서 하나님만을 바라보며 기도했습니다.

'하나님! 저 개미가 벽에 난 틈에 들어가서 피하는 것처럼 하나님의 품에 내 자신을 맡기오니 나를 붙들어 주시옵소서.'

그러자 하나님께서 코리 텐 붐 여사의 마음속에 임하였습니다. 놀라운 평안이 마음을 점령해 버렸습니다. 형언할 수 없는 행복과 기쁨이 마음을 사로잡았습니다. 하루 하루가 평안이요, 기쁨이요, 행복의 연속이었습니다. 간수들은 코리 텐 붐 여사가 독방에 있는 동안에 미칠 줄 알았는데 더 평안하고 기쁨이 충만해진 얼굴로 나온 것을 보고는 놀라지 않을 수 없었습니다.

1. 코리 텐 붐 여사가 절망과 고통의 상황 속에서도 평안을 누릴 수 있었던 이유는 무엇입니까?

2. 지금 내가 평안하지 못하다면 그 이유가 무엇인지 생각해보고 함께 나눠봅시다. 그리고 나를 포함한 모든 사람들이 참된 평안을 누릴 수 있도록 함께 기도합시다.

새길말씀 외우기

평안을 너희에게 끼치노니 곧 나의 평안을 너희에게 주노라 내가 너희에게 주는 것은 세상이 주는 것과 같지 아니하니라 너희는 마음에 근심하지도 말고 두려워하지도 말라 (요 14:27)

결단의 기도

하나님, 세상이 주는 평안과 다른 참된 평안을 주시니 감사합니다. 주님의 품안에 거하면서 주님께서 주시는 참된 평안의 기쁨을 누리며 사는 신앙인이 되게 하옵소서. 예수님 이름으로 기도합니다. 아멘.

하나님 앞에서 정직한 삶

배울말씀 사도행전 5장 1-11절

새길말씀 그런즉 거짓을 버리고 각각 그 이웃과 더불어 참된 것을 말하라 이는 우리가
서로 지체가 됨이라 (엡 4:25)

거짓말해도 된다?

아래의 글을 읽고 질문에 답해 봅시다.

> **구직자 절반 "면접장서 거짓말해도 된다."**
>
> 극심한 취업난 속에 구직자 2명 중 1명이 면접에서 거짓말을 해도 된다고
> 생각하는 것으로 나타났다.
>
> 11월 5일 온라인 취업포털 '사람인'이 신입 구직자 940명을 대상으로 '면
> 접에서 거짓말을 하는 것에 대한 생각'에 대해 설문조사한 결과, 응답자의
> 54.3%가 '해도 된다'고 답했다. 그 이유로는 '입사의지를 보여준다고 생각
> 해서'(46.7%·복수응답)를 첫 번째로 꼽았다. 계속해서 '단점이나 약점을 감
> 출 수 있어서'(38.8%), '면접관도 감안하고 들을 것이기 때문에'(34.9%),
> '서로 기분 좋기 위한 거짓말이라서'(24.9%), '피해만 주지 않으면 되기 때
> 문'(21.6%) 등의 이유를 들었다.
>
> 반면, 거짓말을 절대 해서는 안 된다고 답한 응답자들은 그 이유로 '지원
> 자에 대한 신뢰도를 떨어트려서'(49.1%·복수응답)를 가장 많이 선택했다.
> 뒤이어 '들키면 더 큰 불이익을 당할 수 있어서'(38.1%), '불공정한 행동이
> 어서'(29.5%), '입사 후 기업에 피해를 줄 수 있어서'(24.4%), '진짜 실력을

파악할 수 없어서'(19.8%) 등의 답변이 있었다.

그렇다면 실제로 면접에서 거짓말을 한 경험은 얼마나 될까?

구직자의 36.7%가 면접에서 거짓말을 한 적이 있고, 이는 '순간적'(80.9%·복수응답)이었다는 응답이 '계획적'(50.7%)보다 많았다. 거짓말의 정도는 '장점을 부각시키기 위해 내용을 과장했다'(50.1%), '약점을 감추기 위해 내용을 축소, 은폐했다'(41.2%), '전혀 사실이 아닌 내용을 지어냈다'(8.7%) 순이었다.

거짓말을 한 내용은 '입사지원 동기'가 47.5%(복수응답)로 1위를 차지했다. 다음으로 '성격 및 장단점'(27.5%), '미래 비전 및 포부'(27.5%), '희망 연봉'(24.1%), '업무 관련 스킬'(18%), '직무 관련 경험'(13.9%) 등이 있었다.

2013년 11월 5일자 문화일보 노기섭 기자

1. 위의 글을 읽고 나서 느낀 소감을 서로 나누어 봅시다. 그리고 우리 주위에 만연되어 있는 거짓의 실례들을 더 나누어 봅시다.

2. 이런 세상 속에서 기독교인들의 진실성은 어떻게 여겨질까요?

정직과 진실의 기준

배울말씀인 사도행전 5장 1-11절을 읽고 다음의 질문에 답해 봅시다.

1. 아나니아와 삽비라는 어떤 잘못된 행동을 했습니까? (행 5:2, 8)

2. 베드로 사도는 아나니아가 땅 값의 전부가 아닌 일부를 가져 온 것에 대하여 책망하였습니까, 아니면 거짓말한 것에 대하여 책망하였습니까? (행 5:3-4, 8)

3. 아나니아와 삽비라는 결국 누구에게 거짓말을 한 것입니까? (행 5:3-4, 9)

4. 아나니아와 삽비라의 죽음이 당시 예루살렘 성도들과 오늘날 우리들에게 던지는 메시지는 무엇일까요?

아래의 글을 읽고 질문에 답해 봅시다.

> 직장을 다니는 한 사람이 있었습니다. 어느 날 그는 늦게 퇴근을 하다가 그의 직장 건물을 도맡아 청소하는 청소부가 청소를 하는 모습을 보게 되었습니다. 그런데 이 청소부가 청소하는 모습을 보면서 의아하게 생각되는 것이 있었습니다. 그 청소부는 아무도 보지 않고 또 관심조차 기울이지 않을 만한 곳까지 세심하게 청소를 하는 것이었습니다. 바닥에 깔려있는 바닥깔개를 걷어내고 그 밑까지 너무도 정성스럽고 수고롭게 윤기가 날 정도로 깨끗하게 닦는 모습을 보면서, 청소부에게 이상하다는 듯이 물었습니다.
>
> "아니, 그곳은 아무도 주의를 기울이지도 않고 보이지도 않는 곳인데 왜 그렇게 정성스럽게 쓸고 닦습니까?"
>
> 그 청소부가 그에게 고개를 돌리며 너무도 당연하다는 듯이 대답했습니다.
>
> "아무도 보지 않다니요? 분명히 보시는 분이 있죠!"
>
> 하도 이상스러워서 그가 다시 청소부에게 되물었습니다.
>
> "도대체 누가 그렇게까지 한단 말입니까?"
>
> 청소부가 다시 그를 보면서 빙그레 웃고는 한 손가락으로 하늘을 가리키며 대답했습니다.
>
> "하나님이 보시죠."

1. 『아무도 보는 이 없을 때 당신은 누구인가?』 이것은 빌 하이벨스 목사가 저술한 책의 제목입니다. 아무도 보는 사람이 없을 때 갖는 마음과 행동이 진짜 그 사람의 인격이라는 말입니다. 위의 이야기에 나오는 청소부는 어떤 사람이라고 생각되십니까?

2. 내가 제일 의식하면서 행동하는 대상은 누구입니까? 왜 그렇습니까?

3. 하나님을 의식하지 못하도록 방해하는 것들은 무엇입니까? 이 문제가 어떻게
   극복될 수 있겠습니까?

응답하기

정직할 수 있는 용기

1. 내 삶에서 정직하지 못한 영역은 어느 부분입니까? 어떻게 정직한 삶을 실천
   하시겠습니까? 아래의 표를 작성하면서 결심해 봅시다.

	상황1	상황2
삶의 영역 / 대상	나는 구역장인데…	
정직하지 못했던 내용	'몸이 아파서 주일예배에 갈 수 없다' 고 하고는 낚시를 갔다.	
앞으로 정직을 실천할 내용	이웃에게 거짓말을 하지 않겠다. 언제나 솔직하겠다.	

2. 그동안 정직하지 못했던 부분에 대해서 하나님께 진실히 회개하는 시간을 가져 봅시다. 아울러 정직을 실천할 수 있는 곧은 마음과 용기를 구합시다.

새길말씀 외우기

그런즉 거짓을 버리고 각각 그 이웃과 더불어 참된 것을 말하라 이는 우리가 서로 지체가 됨이라 (엡 4:25)

결단의 기도

언제나 나와 함께하시는 하나님, 아무도 보지 않는 그곳에서도 하나님께서 나를 지켜보신다는 사실을 깨닫고, 하나님 앞에서 그리고 나 자신에게 부끄럽지 않은 삶을 살 수 있도록 인도해 주세요. 예수님 이름으로 기도합니다. 아멘.

회복시키시는 하나님

배울말씀　사무엘하 11장 1~5절

새길말씀　하나님이여 내 속에 정한 마음을 창조하시고 내 안에 정직한 영을 새롭게 하소서
　　　　　　(시 51:10)

관심갖기

평신도 양육교재

죄를 권하는 사회

다음 기사를 읽고 주어진 질문에 답해 봅시다.

서울시민 절반 "성 매매 광고에 매일 노출"

　서울시가 2013년 3~4월 시민 1,500명을 상대로 전자우편을 통해 '불법 성산업 인식조사'를 해 보니 응답자의 47.7%가 "인터넷·스마트폰 등을 통해 성매매 광고를 '거의 매일' 접한다."라고 대답했다. 그리고 31.5%의 응답자는 '일주일에 2~3차례' 접한다고 대답해, 조사 대상자 10명 가운데 8명이 일주일에 2~3차례 이상 성매매 광고를 접하고 있는 것으로 조사됐다.

　그리고 조사 대상자의 44%가 성매매를 알선하는 등의 내용을 담은 선정적인 불법 전단지를 일주일에 2~3차례 이상 접하고 있다고 답했다. 성매매 알선 및 광고 정보를 접했을 때 불쾌함을 느끼거나(60.7%), 청소년에게 노출되는 것을 걱정하는(22%) 경우가 많았다. 하지만 대부분의 응답자들이 이에 대해 스팸 차단 등 소극적으로 대응(58.9%)하거나 무대응(38%)하는 것으로 조사됐다.

　시민들은 또 성매매 집결지, 유사성행위 업소 등 불법·퇴폐 유흥업소가 일상적 생활 공간에 깊숙하게 침투해 있다고 느끼고 있었다. 이들 업소가 지하철역과 영화관 등 여가생활 공간에서 도보 30분 이내에 있는 것으로 인식

하고 있다는 응답이 34.6%를 기록했고, 거주지에서 도보 30분 이내에 있다고 느낀다는 대답도 32.9%에 이르렀다. 이번 조사의 응답자는 여성 1,289명(85.9%), 남성 211명(14.1%)이었다. 연령별로는 20대 1,163명(77.5%), 30대 148명(9.9%), 40대 이상 189명(12.6%)이 참여했다.

한겨레 신문 2013년 11월 12일자 박보미 기자

1. 위 기사를 읽고 이 사회가 권하는 죄는 무엇이 있는지 나눠봅시다.

다윗의 범죄

1. 다윗의 범죄는 어떻게 시작되었습니까? 당시의 상황과 관련하여 생각해 봅시다. (삼하 11:1-2)

2. 결국 다윗은 밧세바와 동침하게 됩니다. 그런데 그의 범죄는 거기에서 끝나지 않았습니다. 후에 그는 더욱 끔찍한 죄를 저지르기에 이릅니다. 그것이 무엇이었습니까? (삼하 11:14-15)

3. 하나님께서 나단 선지자를 통해 다윗에게 하신 말씀은 무엇입니까?
   (삼하 12:7-10)

4. 다윗이 죄를 짓는 과정을 볼 때, 죄는 어떤 특성이 있습니까? (약 1:5)

5. 다윗의 행위는 결국 누구에게 죄가 된 것입니까? (삼하 11:27)

반성하기

자극과 반응 사이

아래의 글을 읽고 질문에 답해 봅시다.

> 빅터 프랭클 (Viktor Frankl)이라는 사람이 있었습니다. 그는 나치수용
> 소에서 죽음 직전까지 갔다가 살아난 사람입니다. 그는 매일 매일 죽음에 직
> 면하면서 한 가지 중대한 깨달음을 얻게 됩니다. 그것은 모든 것이 다 속박
> 된 상태에서 죽음의 위협이 몰려오는 때에도 자신의 생각과 마음만큼은 자
> 신의 뜻대로 가질 수 있는 자유가 있다는 사실이었습니다. 그는 아주 유명
> 한 말을 남겼습니다. "자극과 반응 사이에서 인간은 반응을 선택할 자유를
> 갖고 있다." 아무리 자극이 거세게 들어와도 그것에 대해 어떻게 반응할 것
> 인지는 내면의 자유가 선택하는 것이라는 말이지요. 그래서 그는 캄캄한 감

옥에서 발가벗겨진 채 심한 고문과 모욕을 당하면서도 언젠가 이 수용소에서 풀려나 학교에서 제자들을 가르치며 지금의 경험을 나누는 상상을 하기 시작했습니다. 혹독한 현실이라는 자극이 그에게 주어졌지만, 그는 자신의 자유로운 정신을 선택함으로써 전혀 다른 반응을 창출해낸 것입니다.

빅터 프랭클의 삶은 그리스도인인 우리에게 이러한 메시지를 전해 줍니다. 우리는 세상의 수많은 죄의 유혹들을 자극으로 받고 살아갑니다. 그러나 그 자극들이 우리의 신앙적 선택의 자유까지 침범할 수는 없습니다. 우리는 하나님 안에 있는 그 자유의 능력을 사용하여 유혹을 거절하고 물리치는 반응에 도달할 수 있습니다. 빅터 프랭클이 인간의 정신으로 그렇게 할 수 있었는데, 만일 우리가 성령의 도움을 받는다면 우리는 훨씬 더 잘 할 수 있지 않겠습니까?

1. 요즘 나에게 다가오는 죄나 유혹의 자극에는 어떤 것이 있습니까? 그리고 그것에 어떻게 반응하고 있습니까?

2. 기독교인답게 죄와 유혹의 자극을 극복하기 위해서 나에게 필요한 것은 무엇이라고 생각합니까?

회복을 소망하며

1. 예수님께서는 마음에 음욕을 품는 것조차 이미 간음한 것이라고 말씀하셨습니다(마 5:28). 우리의 영과 육이 거룩하고 깨끗해야 함을 강조하신 것입니다. 혹시 남들은 모르더라도 순결하지 못한 생각이나 행동을 했다면 회개하는 시간을 갖도록 합시다.

2. 하나님과의 관계에서 죄로 인해 무너진 부분이 있다면 회복되기를 소망하며 기도합시다.

새길말씀 외우기

하나님이여 내 속에 정한 마음을 창조하시고 내 안에 정직한 영을 새롭게 하소서 (시 51:10)

결단의 기도

하나님, 이 세상은 수많은 유혹으로 가득 찬 곳입니다. 잘못된 죄의 문화에 길들여진 저희를 회복시켜 주시옵소서. 주님 앞에 범죄치 않도록 우리 스스로를 절제하며 영적으로 깨어있게 하시옵소서. 정결한 영으로 새롭게 회복시켜 주시옵소서. 예수님 이름으로 기도드립니다. 아멘.

남겨진 고통에 대하여

배울말씀 욥기 1장 13절–2장 10절

새길말씀 이르되 내가 모태에서 알몸으로 나왔사온즉 또한 알몸이 그리로 돌아가올지라
주신 이도 여호와시요 거두신 이도 여호와시오니 여호와의 이름이 찬송을
받으실지니이다 하고 (욥 1:21)

관심갖기

평신도 양육교재

미선이의 가족 이야기

다음 글을 읽고 질문에 답해 봅시다.

> 지난 추석 명절 때, 큰아버지 댁에서 모든 친척들이 모였습니다. 저희 집
> 안은 아쉽게도 종교가 다양한 편입니다. 저희 집과 둘째 큰아버지 댁은 기독
> 교이지만, 큰 댁은 불교이고, 고모 댁은 원불교, 작은아버지는 무교입니다.
> 이번 명절에는 둘째 큰아버지의 집안 상황이 가족들의 이야깃거리가 되
> 었습니다. 요즘 그 댁의 상황이 썩 안 좋은 것이 사실입니다. 둘째 큰아버지
> 가 몇 년 전에 조기 퇴직을 하셨고, 큰어머니와 함께 새롭게 시작한 치킨 가
> 게는 장사가 잘 되지 않아 손해를 보고 가게를 내 놓은 상태입니다. 둘째 큰
> 아버지를 돕겠다고 치킨을 배달하던 사촌 오빠는 오토바이 사고가 나서 병
> 원에 입원해 있습니다. 가게를 정리하겠다는 결심을 하신 것도 그 사고를 당
> 하고 나서의 일입니다. 둘째 큰어머니가 이런 저런 문제 때문에 장기간 작
> 정하고 새벽 예배를 다니셨는데, 그게 무리가 되셨는지 몸이 많이 좋지 않
> 다고 합니다. 이번 모임 때 제대로 음식도 못 드시고 일하시는 것도 힘들어
> 하셨습니다.
> 다른 분들이 그런 둘째 큰아버지 내외를 두고 한 소리씩 하셨습니다. '그

렇게 교회에 열심히 다니면서 그런 일들을 겪는데도 억울하지 않냐?'교회 다니는 사람들은 힘들어도 내색을 안하더라구. 그거 가증스럽던데, 오빠네는 그러지마. 힘들다구 해, 그냥.''교회 갖다 바친 돈으로 보험이나 들지…' 교회를 다니는 내가 보기에도 너무 안쓰럽고 답답했습니다. 우리 집보다 신앙도 좋고, 교회와 이웃에 봉사도 많이 하시는 분들이신데… 회사를 그만 두시기 전 젊은 나이에 이사 자리에 올랐다고 부러워하고 대단해 하던 사람들은 다 어디로 갔는지 모르겠습니다.

　　교회 다니는 사람들은 다 잘 되면 좋겠는데…

　　둘째 큰아버지, 힘 내세요. 하나님, 어떻게 좀 해 주세요. 내가 오히려 창피하잖아요.

1. 내가 미선이라면 어떤 기분이 들까요?

2. 만약 미선이의 둘째 큰아버지가 나와 친분이 있는 사람이라면, 미선이의 둘째 큰아버지에게 어떤 말을 해 주시겠습니까?

평신도 양육교재
기억하기

욥의 고난

욥은 하나님을 경외하며 축복받은 행복한 삶을 살았던 사람입니다. 그런데 어느 날, 욥의 인생에 시련과 고난이 찾아왔습니다. 그 고난이 너무도 비참한 것이어서 마치 저주처럼 느껴질 정도였습니다. 주어진 욥기의 성경말씀을 통해 욥의 삶 전 영역에 엄습한 고난의 구체적인 내용들을 살펴봅시다.

1. 개인적인 가족 관계에서의 고난은 무엇이었습니까? (욥 1:2, 1:18-19, 2:9)

2. 경제적으로는 어떤 고난이 있었습니까? (욥 1:3, 1:14-17)

3. 육체적인 고통은 무엇이었나요? (욥 2:7-8)

4. 사회적인 관계에서는 어떤 일들이 일어났습니까?
   (욥 4:7, 15:5-6, 22:6-9, 30:1)

5. 욥이 경험한 영적인 고통은 무엇이었나요? (욥 23:8-9)

6. 욥은 왜 그러한 고난을 받게 되었을까요?

7. 이러한 고난에 대해서 욥은 어떻게 반응했나요? (욥 1:21, 2:10)

이지선 양을 기억하세요?

이지선 양을 기억하세요? 그녀는 1978년생으로, 이화여자대학교 유아교육과를 졸업했습니다. 그녀는 2000년 7월 30일, 오빠의 차로 귀가하던 중, 음주운전 자가 낸 7중 추돌사고로 전신의 55퍼센트에 3도 화상을 입었습니다. 너무나 위 중한 상태였기에 의료진도 치료를 포기한 상황이었지만, 그녀는 7개월간의 입 원, 30번이 넘는 고통스런 수술과 재활치료를 이겨냈습니다. 사는 것이, 살아남 는 것이 죽는 것보다 힘들었던 그녀. 하지만 사고 이후 10년간의 고난 끝에 그녀 는 '삶은 선물'이라고 고백합니다. 그녀가 들려주는 10년간의 고난의 과정 이야 기를 함께 읽어볼까요?

> 사고 후 10년이 흘렀습니다.
>
> 사고는 고난의 시작이기도 했지만 새로운 삶의 시작이었습니다. 어느 누 구도 예기치 못했고, 계획한 적도 없고, 꿈꾼 적은 더더욱 없었던 사고였지 만 그 사고는 제게 새로운 계획을, 새로운 꿈을 꾸게 해주었습니다. 고난과 함께 이전과는 전혀 다른 외모뿐 아니라, 새로운 마음의 모양도 가지게 되 었습니다.
>
> 그리고 무엇보다 새로 얻은 삶은 2000년 7월 30일 이전에는 깨닫지 못 했던, 발견하지 못했던 인생의 비밀을 하나씩 하나씩 알려주었습니다. 그것 은 행복의 문을 열 수 있는 비밀번호 같은 것들이었습니다. 감사라는 비밀, 사랑이라는 비밀, 희망이라는 비밀…… 그리고 아이러니하게도 고난이라는 비밀 역시 제게 행복의 문을 기꺼이 열어주었습니다.
>
> 『다시 새롭게 지선아 사랑해』(2010)
> 프롤로그 '삶이 내게 새롭게 알려준 비밀들' 중에서
>
> 세상 사람 누구에게나 고난은 있습니다. 제가 당한 일이 흔히 일어나는 일 은 아니지만, 그러나 누구에게나 일어날 수 있는 일입니다. 그 고난을 어떻 게 이기느냐가 중요한 것이겠지요. 누구에게나 한 번 주어지는 인생, '무슨 일'이 그에게 일어났는가보다는, 그가 그 무언가에 '어떻게' 맞섰으며, '어떻

게 살았는지'가 중요한 것임을 깨닫게 됩니다. 그래서 때로는 고난 자체가 가장 큰 축복이 될 수도 있습니다. 왜냐하면 고난이 아니면 절대 가질 수 없는 보물이 있기 때문입니다. 돈 주고는 절대 사지 못하는 보물이, 학교에서도 배울 수 없는 것들이 고난과 기다림의 시간 가운데 주어지기 때문입니다. 저는 이제 그 삶의 비밀을 알게 되었습니다. 그렇기에 고난은 제게 축복이었다고 말할 수 있습니다.

『다시 새롭게 지선아 사랑해』(2010)
에필로그 '고난은 축복이었습니다' 중에서

www.facebook.com/ezsun

1. 이지선 양이 겪은 고난은 결코 쉽게 여길 수 있는 것이 아니었습니다. 이지선 양이 고난을 극복하고 자신에게 주어진 상황 속에서 새로운 삶의 가치를 발견하게 할 수 있었던 요인들은 무엇이었을까요?

2. 나의 인생에서 고난의 순간, 혹은 어려웠던 순간은 어느 때였습니까? 무엇이 그 어려움을 이길 수 있는 힘이 되었나요?

3. 신앙인으로서 그 당시의 어려움을 겪어낸 내 모습에 대해서 스스로 평가를 내려봅시다.

응답하기

어려울 때 나는

힘들고 어려운 일을 당했을 때 나는 어떤 모습인가요? 다음의 표에 주어진 질문에 답하며 생각해 봅시다.

어려운 일을 당했을 때...	나의 지금 모습	되고 싶은 나의 모습
1. 제일 먼저 찾아가는 곳은 어디입니까?		
2. 제일 먼저 생각나는 사람은 누구입니까?		
3. 제일 먼저 하는 일은 무엇입니까?		
4. 제일 먼저 드는 생각은 무엇입니까?		
5. 제일 먼저 하는 기도는 무엇입니까?		

이르되 내가 모태에서 알몸으로 나왔사온즉 또한 알몸이 그리로 돌아가올 지라 주신 이도 여호와시요 거두신 이도 여호와시오니 여호와의 이름이 찬 송을 받으실지니이다 하고 (욥 1:21)

결단의 기도 ⸻⸻⸻⸻⸻⸻⸻⸻⸻⸻⸻⸻⸻⸻⸻⸻⸻⸻⸻⸻⸻⸻⸻⸻

하나님의 주권을 인정합니다. 고통과 고난에 대하여 믿음으로 합당하게 반 응할 수 있고, 말씀에 의지하고 인내하는 믿음을 주시옵소서. 고통과 고난 을 허락하신 하나님의 뜻과 숨은 계획을 자세히 알지는 못하더라도 원망하 기보다는 기도하는 성숙한 믿음을 주옵소서. 예수님의 이름으로 기도합니 다. 아멘.